AF410909

AFFAIRES

DES

PARLEMENTS

DE

RENNES

ET DE

PAU

TOME I.

A PARIS

RELIÉ AU MOIS DE SEPTEMBRE

M. DCC. LXVII.

(1)

I

TRÈS-HUMBLES
ET TRÈS-RESPECTUEUSES
REMONTRANCES
DU PARLEMENT
SÉANT A RENNES,
AU ROI,
A VEC les Pièces préalables qui y ont donné lieu,

AU sujet des atteintes portées aux droits, franchises & immunités de la Bretagne, des corvées dont cette Province est accablée, & des imputations qui ont attiré à ce Parlement des reproches & des ordres de la part du Roi.

Du 11 Aoust 1764.

ARRÊT DU PARLEMENT
SÉANT A RENNES,

QUI ordonne l'Enregistrement de la Déclaration du 21 Novembre 1763.

EXTRAIT DES REGISTRES DU PARLEMENT.

Du 5 Juin 1764.

« LUE, publiée à l'Audience publique
» de la Cour, & enregistrée au Greffe
» d'icelle, oui, & ce requérant le Pro-

A

» cureur Général du Roi, pour être exé-
» cutée fuivant fa forme & teneur, fans
» néanmoins préjudicier aux droits, fran-
» chifes & libertés de la Province, & fans
» que de l'établiffement du fonds annuel
» de vingt millions d'amortiffement qui
» doit demeurer perpétuel, aux termes de
» l'art. 3, ni d'aucune autre difpofition, on
» en puiffe induire que le premier Ving-
» tieme puiffe être levé au-delà de dix an-
» nées après la publication de la paix ac-
» tuelle, terme fixé par le Roi pour la du-
» rée dudit premier Vingtieme ; & à la
» charge que les abonnemens des premier
» & fecond Vingtiemes déja portés à un
» taux trop onéreux pour les Contribua-
» bles, ne pourront, s'ils font continués,
» être augmentés fous quelque prétexte
» que ce foit : & où lefdites impofitions
» ceffceroient d'être abonnées, elles feront
» perçues fur les rôles actuels, dont les
» cottes ne pourront être augmentées, à
» peine contre les contrevenans d'être pour-
» fuivis extraordinairement. Et fera ledit
» Seigneur Roi très-humblement fupplié
» d'accorder, foit en cas d'abonnement ou
» de non-abonnement, une diminution fur
» lefdits premier & fecond Vingtiemes.
» Comme auffi à la charge que les effets
» exigibles portant intérêt, lefquels en
» conféquence de l'art. 13 auront fervi à
» former les contrats de conftitution, de-
» meureront entre les mains du Tréforier
» de la Caiffe d'Amortiffement, à titre de
» dépôt, pour être repréfentés & brûlés
» lors des procès-verbaux, & être defdits
» effets dreffé procès-verbal féparé & dif-

» tinct des autres effets remboursés à ladite
» Caisse sur le fonds d'amortissement. A la
» charge en outre que le cadastre général
» de tous les biens-fonds situés dans le
» Royaume , n'aura lieu dans cette Pro-
» vince qu'après que par l'envoi , l'examen
» & la vérification en la Cour , des Régle-
» mens sur icelui , elle aura reconnu & vé-
» rifié qu'il est possible , qu'il est nécessaire ,
» & qu'il peut être établi sans déroger aux
» droits particuliers & franchises de la Pro-
» vince , & que jusqu'à ce que ledit Ca-
» dastre & les Réglemens sur icelui ayent
» été vérifiés en ladite Cour , il ne pourra
» être procédé à aucunes opérations qui le
» concernent directement ou indirectement.
» A arrêté ladite Cour , que pour satisfaire
» à l'Article premier de la Déclaration , il
» sera formé une Commission extraordi-
» naire qui s'assemblera incessamment pour
» dresser des Mémoires sur les différentes
» impositions qui sont levées dans cette
» Province , vérifier le principe de leur éta-
» blissement , la forme de leur perception ,
» les abus qui s'y sont successivement intro-
» duits , & les moyens de simplifier & per-
» fectionner ce qui concerne l'établissement ,
» la répartition , le recouvrement , l'em-
» ploi & la comptabilité de ce qui compose
» l'état général des Finances de la Pro-
» vince & de chaque Ville en particulier ,
» à l'effet de concourir aux vûes dudit Sei-
» gneur Roi , pour le rétablissement des
» Finances & le soulagement de ses Peu-
» ples : Et sera Sa Majesté très humblement
» suppliée d'ordonner que toutes Pièces
» nécessaires pour assurer les opérations des

» Commiſſaires, leur ſeront communiquées.
» Sera ledit Seigneur Roi très-humblement
» ſupplié d'ordonner que le ſurplus du pro-
» duit du ſecond Vingtieme & des deux
» ſols pour livre du Dixieme, après les arré-
» rages payés, au lieu d'être verſé dans le
» Tréſor Royal, vertiſſe annuellement à la
» diminution des impoſitions exiſtantes, ou
» du moins qu'il reſte dans ladite Caiſſe
» d'Amortiſſemens, pour en augmenter le
» fonds & accélérer l'extinction des dettes
» de l'Etat. Et comme la perception du
» cinquieme & ſixieme ſol pour livre eſt
» une ſurtaxe, qui loin d'augmenter l'impôt
» primitif, le détruit inſenſiblement, &
» attendu qu'ils affectent le Patrimoine de
» la Province, & ſont plus onéreux que
» profitable à l'Etat, ſera ledit Seigneur
» Roi très-humblement ſupplié d'en faire
» ceſſer la perception, ou du moins d'ac-
» corder une diminution & un traitement
» avantageux à la Province pour l'acquit
» de cette impoſition, dont il plaira à Sa
» Majeſté de ne pas prolonger la durée en
» Bretagne au delà du terme fixé pour les
» autres Provinces du Royaume. Sera ledit
» Seigneur Roi très-humblement ſupplié
» de conſidérer que la Capitation exceſſive
» que paye la Province, n'eſt nullement
» proportionnée au nombre & aux facultés
» des Contribuables ; que cependant cet
» impôt eſt encore appéſanti par d'autres
» impoſitions auxquelles il ſert de règle :
» Que les corvées ruinent & écraſent les
» Laboureurs; que ce genre de travail, tou-
» jours onéreux, eſt devenu inſupportable
» en Bretagne, par la multitude des routes

» ouvertes en même tems, par la précipi-
» tation avec laquelle on veut les perfec-
» tionner , par les ordres violens qui arra-
» chent le Laboureur à la culture & à la
» récolte : Que la Province paye en tems
» de paix des frais de Milices ordinaires &
» Gardes Côtes ; que la levée pour les Mi-
» lices Gardes-Côtes se fait sans le consen-
» tement des Etats & sans enregistrement
» au Parlement : Que les dépenses dans les-
» quelles on constitue les Villes , sous pré-
» texte de travailler à leur embellissement ,
» ruinent sans ressource les Communautés ,
» sans suffisamment décommager le parti-
» culier d'un bien dont il se voit dépouillé
» presque toujours malgré lui : Qu'il s'en
» faut bien que la situation de la Province
» soit heureusement changée ; que son com-
» merce se ressentira long tems des mal-
» heurs de la guerre ; que l'impôt sur les
» Cuirs en détruit une des principales bran-
» ches ; que les autres sont desséchées par
» une foule de décisions surprises par le
» Traitant , & toujours étendues au gré de
» son avidité : Que les nouveaux efforts que
» fait aujourd'hui un Peuple fidèle & sou-
» mis, pour témoigner son amour & son zèle
» au meilleur des Rois, seroient infiniment
» au-dessus de ses forces, s'il n'étoit sou-
» tenu par la confiance dans les promesses
» de Sa Majesté : Que les assurances que
» ledit Seigneur Roi veut bien donner de
» regner par l'amour , par la justice & par
» l'observation des règles & des formes
» sagement établies dans son Royaume ,
» pénetrent son Parlement de la plus vive
» reconnoissance , elles lui garantissent que

» tout va rentrer dans l'ordre, que les coups
» d'autorité sont à jamais bannis, que les
» actes de despotisme dont ledit Seigneur
» Roi se déclare l'ennemi, seront réprimés
» en tout lieu, (par le Parlement armé du
» glaive de la Justice pour en frapper le
» coupable tel qu'il soit:) elles assurent, ces
» promesses, à l'Etat & à ses Membres
» leurs droits, leurs privilèges ; la Breta-
» gne va recouvrer les siens ; Sa Majesté
» n'attend que l'Assemblée des trois Etats
» pour révoquer l'ordre du 12 Octobre
» 1762, surpris à sa religion, & inscrit sans
» aucun motif sur les Registres de la Pro-
» vince assemblée, qui venoit de donner à
» son Roi de nouvelles preuves de son zèle
» par l'octroi d'un secours extraordinaire de
» 460 mille livres. Ledit Seigneur Roi sera
» très-humblement supplié de considérer
» que cet ordre détruit l'essence primitive
» des Etats ; que tant qu'il subsistera, aucun
» octroi ne sera légitime, parce qu'il n'y a
» que la Nation composée des trois Ordres
» qui puisse octroyer ; qu'il est des premiers
» devoirs de son Parlement de réclamer
» avec les instances les plus vives & les
» plus respectueuses, des privilèges dont il
» est le gardien, & à la conservation des-
» quels il ne cessera jamais de veiller. Or-
» donne ladite Cour que copies de ladite
» Déclaration, seront, à la diligence dudit
» Procureur Général du Roi, envoyées
» aux Sieges Présidiaux & Royaux de ce
» Ressort, pour, à la diligence de ses
» Substituts, y être lûes, publiées & en-
» registrées, à ce que personne n'en igno-
» re ; & du devoir qu'ils en auront fait,

» d'en certifier la Cour dans le mois. Fait
» en Parlement à Rennes le cinq Juin mil
» sept cens soixante-quatre.

Signé, L. C. PICQUET.

ORDRE DU ROI

TRANSCRIT sur les Regítres des Etats de Bretagne, par ordre de M. le Duc d'Aiguillon , Commandant en Chef dans la Province , & dont il est dit dans l'Arrêt ci-dessus , que le Roi sera tres-humblement supplié de le révoquer , comme destructif des Droits de la Bretagne.

Du Mardi 19 Octobre 1762.

MONSIEUR le Duc d'Aiguillon entré à l'Assemblée des Etats, a repré-
senté un Ordre du Roi, dont il a ordonné
l'enregistrement, ce qui a été fait comme
ensuit, après en avoir fait lecture à l'Assemblée.

DE PAR LE ROI.

Sa Majesté étant informée que quelques-
uns des Membres des Etats de Bretagne auroient avancé, que sur les différentes affaires
de ladite Province, & même sur les de-
mandes de Sa Majesté, notamment celles
relatives aux impositions & levées de de-

A iv

niers, aucune délibération ne peut être va-
lablement prife que par le concours unanime
des trois Ordres defdits Etats, Sa Majefté
auroit jugé à propos non-feulement de s'ex-
pliquer fur une prétention auffi'dénuée de
fondement, mais de pourvoir à ce qui concerne l'exécution des délibérations, qui,
fuivant l'ufage & les Réglemens defdits
Etats, auroient été prifes à l'avis de deux
defdits Ordres feulement ; enforte qu'il ne
foit plus apporté aucun retardement ni pré-
judice au fervice de Sa Majefté, & à l'ex-
pédition des affaires de la Province. Sa Majefté a déclaré & déclare, veut & entend
qu'auffitôt qu'un des Ordres defdits Etats
aura donné fon avis fur quelque demande
ou affaire concernant, foit des impofitions
ou levées de deniers fur le général de la
Province, foit toutes autres affaires de
ladite Province, les deux autres Ordres
foient tenus de donner leurs avis dans les
vingt-quatre heures : & que dans le cas où
l'un defdits trois Ordres auroit été en retard
de donner le fien dans lefdites vingt-quatre
heures, ou l'auroit donné contraire à l'avis
réuni des deux autres, la délibération foit
& demeure formée par la pluralité de deux
Ordres contre un, & comme telle couchée
fur le Regiftre, & fignée par les Préfidens
des trois Ordres. Veut & entend pareille-
ment Sa Majefté, qu'efdits cas les deux
Ordres à l'avis defquels les délibérations
auront paffé, procedent, ou les Commiffaires par eux députés, à l'exécution pleine
& entiere defdites délibérations, vingt-quatre heures après que l'Ordre qui aura refufé
ou retardé d'y procéder aura été conftitué

en demeure, foit par la requifition des deux
Ordres, foit par les ordres à lui donnés par
les Commiffaires de Sa Majefté. N'entend
au furplus Sa Majefté rien changer aux dif-
pofitions du Chapitre III du Réglement defdits Etats du 11 Octobre 1687, concernant
les Requêtes & propofitions tendantes à des
dons particuliers, gratifications prétendues,
récompenfes, aumônes, gages ou nature de
gages, pour quelques perfonnes que ce foit.
Fait à Fontainebleau le 12 Octobre 1762.
Signé, LOUIS. *Et plus bas*, PHELY-
PEAUX.

EXTRAITS DES REGISTRES DU PARLEMENT.
Du 22 Juin 1764.

CE jour fut lûe, toutes les Chambres affemblées, une Lettre de cachet en date
du 16, à Verfailles, par laquelle le Roi
mande à fon Parlement de lui députer un
Préfident de la Cour & trois Confeillers,
avec fon amé & féal le fieur de la Chalotais, Procureur Général en furvivance &
exercice, pour fe rendre auprès de fa Perfonne à Compiegne, pour entendre ce qu'il
lui plaira leur faire fçavoir de fes volontés touchant la Déclaration du 21 Novembre & l'enregiftrement d'icelle. En conféquence, la Cour a députe le même jour M.
de Robien, Préfident, MM. Chafette de
la Gacherie & Piquet de Montreuil, Confeillers de Grand'Chambre, M. Kerfalaün,
Confeiller des Enquêtes, pour fe rendre
auprès du Roi, avec M. de la Chalotais,
Procureur Général.

A v

Du 26 Juin.

La Cour, toutes les Chambres affemblées, a arrêté que la Députation partira le Lundi 2 Juillet.

Les Députés partirent en conféquence ledit jour 2 Juillet, & ayant été retenus trois jours à Paris à caufe de la maladie du Préfident de Robien, ils arriverent à Compiegne le 8 entre fix & fept heures du foir. Le même jour ils firent leurs vifites en robe à M. de Saint-Florentin, à M. de Maupeou & à M. le Duc de Penthievre. Ils chercherent auffi M. le Contrôleur Général & les autres qui compofent le Confeil des Dépéches, mais ils étoient au Confeil. Le lendemain au matin ils retournerent en petit manteau chez M. le Contrôleur Général, avec lequel ils eurent une conférence de deux heures. En le quittant, ils allerent chez M. de Saint-Florentin, qui leur annonça qu'ils verroient le Roi environ midi, avant de partir pour la chaffe. Ils retournerent prendre leurs robes & leurs bonnets, & ayant été avertis de fe rendre au Château, ils furent conduits dans le cabinet du premier Valet de chambre : & le Roi étant de retour de la Meffe, ils furent conduits dans l'appartement du Roi, où étoient MM. de Maupeou, de Saint-Florentin & De l'Averdy. Le Roi étoit debout fans chapeau. Il fit quelques pas vers les Députés, & leur lut ce qui fuit.

» Je n'ai pu voir fans peine que dans une » occafion où j'avois donné à mon Parle- » ment les plus grandes marques de ma

» confiance , & où je ne devois attendre
» que des témoignages de fon zèle & de
» la reconnoiffance , il ait ajouté par un Ar-
» rêté compris , contre la règle ordinaire ,
» dans fon Arrêt d'enregiftrement de ma
» Déclaration du 21 Novembre dernier ,
» des objets qui y étoient totalement étran-
» gers , & qui ne tendent qu'à jetter des
» nuages fur une adminiftration dont je
» fuis auffi content que la Province ; ou
» même à élever des difficultés qui pour-
» roient exciter des divifions entre mes
» Sujets s'ils m'éto ent moins attachés. Re-
» tournez fans délai dire à mon Parlement,
» que je veux que cette affaire n'ait aucune
» fuite.

Le Préfident de Robien ayant fupplié le
Roi de lui faire donner fes ordres par écrit,
il lui répondit qu'il les auroit, & les Députés fe retirerent en faluant le Roi.

Lorfqu'ils étoient préts de fortir du Cabinet, le Roi appella M. de la Chalotais, &
lui parla en particulier. Les Députés allerent ôter leurs robes & reprendre leurs man-
teaux , & fe rendirent chez M. de Maupeou qui leur remit par écrit les ordres du
Roi. Ils allerent enfuite prendre congé de
M. de Saint-Florentin , de M. le Duc de
Penthievre & de fon fils le Prince de Lam-
balle , & retournerent le même jour à Paris , d'où ils partirent le Mercredi 11 , &
arriverent à Rennes le Vendredi 13. Le Sa-
medi 14 les Chambres furent affemblées,
& les Députés rendirent compte, ainfi qu'il
eft porté ci-deffus. L'Affemblée fut conti-
nuée au Lundi 16 , huit heures du matin, &
par continuation à la relevée du même jour.

Du Lundi 16 Juillet, 4 heures de relevée.

La Cour , toutes les Chambres affemblées , par continuation de la délibération du matin de ce jour , fur le récit fait par les Députés à leur retour de Compiegne , & fur les ordres du Roi dont ils ont rendu compte , pénétrée de la plus vive douleur en confidérant que Sa Majefté a pu douter un moment du zèle & de la fidélité de fon Parlement , & accablée fous le poids des imputations flétriffantes contenues dans lefdits ordres , ne ceffera de faire tout ce qui eft en elle pour effacer des imputations auxquelles elle eft auffi fenfible. En conféquence , ordonne qu'il fera fait au Roi de très humbles & très-refpectueufes Remontrances , à l'effet de juftifier la pureté des vûes de fon Parlement , & la néceffité de l'Arrêté du 5 Juin dernier , dont l'unique objet eft de mettre fous les yeux d'un Roi , Pere de fes Sujets , les malheurs d'un Peuple accablé fous le poids de corvées exceffives & multipliées , contre les promeffes qui lui ont été faites ; comme auffi de réclamer , non des privilèges , mais les Conftitutions primitives , les droits les plus facrés d'une Province qui s'eft donnée à des conditions que tous les Rois , depuis l'heureux moment qui l'unit à la France , ont toujours obfervées , & que ledit Seigneur Roi , fi digne du titre de Bien-aimé , s'oblige luimême de maintenir par les contrats renouvellés tous les deux ans en fon nom par fes Commiffaires lors de l'Affemblée des Etats de la Province : ordonne que le récit fait

par les Députés sera déposé au Greffe , &
qu'il sera communiqué , ainsi que toutes
autres Pièces nécessaires, aux Présidens,
Doyens & Sous-Doyens de chaque Chambre, à eux joints MM. de la Gacherie &
Piquet , Commissaires nommés pour travailler sans délai auxdites Remontrances.

Ordonne qu'il sera écrit audit Seigneur
Roi pour le supplier de permettre que lesdites Remontrances lui soient présentées par
une Députation solemnelle de son Parlement.

Dudit jour.

La Cour , toutes les Chambres assemblées, a arrêté , pour bonnes & justes causes à elle connues , que le sieur Duc d'Aiguillon , Commandant pour le Roi dans la
Province , ne sera visité par aucun des Membres de la Cour , à l'exception de ceux qui
pourroient être obligés de se trouver chez
lui pour les affaires de Sa Majesté , ou pour
leurs affaires particulieres ; auquel dernier
cas ils en informeront la Cour , Chambres
assemblées. Ordonne que par le Greffier
d'icelle , copie du présent Arrêté sera envoyé à tous les Membres de la Compagnie
absens , & leur enjoint de s'y conformer ,
jusqu'à ce que par la Cour il en ait été autrement ordonné.

Du 24 Juillet 1764.

Ce jour , toutes les Chambres assemblées,
a été fait lecture de la Lettre qu'il a été arrêté le 16 qui seroit écrite au Roi : elle a
été approuvée , & arrêté qu'elle seroit en-

voyée & adreſſée à M. de Saint-Florentin.
Suit la teneur de ladite Lettre.

SIRE,

Votre Parlement pénétré de la plus vive
douleur du contenu aux ordres de Votre
Majeſté, dont ſes Députés lui ont rendu
compte, fera toujours ſes efforts pour effacer des impreſſions auxquelles il eſt auſſi
ſenſible. C'eſt pour y parvenir, Sire, qu'il
a été arrêté d'adreſſer à Votre Majeſté de
très-humbles & très-reſpectueuſes Remontrances, & de la ſupplier de permettre
qu'elles lui ſoient préſentées par une Députation ſolemnelle. Nous oſons nous flatter, Sire, que Votre Majeſté voudra bien
recevoir de nos mains notre propre juſtifi-
cation & les témoignages les plus reſpec-
tueux de notre amour & de notre obéïſ-
ſance, en permettant aux Députés de votre
Parlement de porter eux-mêmes la vérité
aux pieds du Trône.

Nous ſommes avec le reſpect & la ſou-
miſſion la plus profonde, &c.

*Cette Lettre eſt partie le 25 ſous l'enve-
loppe de M. de Saint-Florentin, Miniſtre &
Secrétaire d'Etat de la Province, auquel le
Parlement a écrit, ſuivant l'uſage, en ces
termes.*

MONSIEUR,

Nous avons l'honneur de vous envoyer
la Lettre que nous avons celui d'adreſſer au
Roi aujourd'hui. Nous vous prions, Mon-

fieur, de vouloir bien engager Sa Majefté à nous accoider la grace que nous avons l'honneur de lui demander.

Nous fommes très-parfaitement, &c.

Du 2 Août 1764.

Ce jour, a été fait lecture de la Réponfe de M. de Saint - Florentin aux Lettres à lui adreffées le 24 du mois dernier, & arrêté qu'il fera fait au Roi d'itératives inftances pour obtenir la permiffion de lui envoyer les Remontrances qu'il a été arrêté de lui faire , par une députation folemnelle.

Suit la teneur defdites Lettres.

Réponfe de M. de Saint-Florentin.

MESSIEURS,

» Auffi-tôt que j'ai eu reçu la Lettre que
» vous m'avez adreffée pour le Roi, je l'ai
» remife à Sa Majefté. Elle m'a chargé
» de vous marquer de rédiger & de lui
» faire parvenir inceffamment les Remon-
» trances que vous avez déliberé de lui
» faire. Son intention eft auffi que vous
» n'envoyiez pas une grande députation ,
» mais feulement un Préfident & deux
» Confeillers, pour les lui préfenter. Je
» fuis très-parfaitement, Meffieurs , &c.

Seconde Lettre du Parlement au Roi.

SIRE,

» Votre Parlement pénetré de la plu

» vive douleur au récit des ordres affligeans
» furpris à Votre Majefté, n'a pu fe difpen-
» fer d'arrêter qu'il lui feroit fait de très-
» humbles & très-refpectueufes Remon-
» trances. Il a fupplié Votre Majefté ,
» SIRE , de permettre qu'une députation
» folemnelle lui préfentât la vérité que le
» Corps entier eût défiré de porter lui-
» même aux pieds du Trône , comme le
» plus précieux gage de fon amour & de
» fon profond refpect pour votre Pefonne
» facrée. L'état d'humiliation auquel votre
» Parlement eft réduit, ne lui eût pas permis
» d'exercer plus long-tems les fonctions
» auguftes de la Magiftrature , fi la con-
» fiance qu'infpirent les intentions les plus
» pures ne lui affuroit le retour de votre
» protection Royale. C'eft votre bonté ,
» Sire , & votre juftice qui nous font ga-
» rans que vous voudrez bien nous écouter
» favorablement , & accorder à nos inf-
» tances les plus foumifes & les plus refpec-
» tueufes , de ne rien diminuer de la folem-
» nité de nos hommages , ni de l'éclat de
» la juftification parfaite que votre Parle-
» ment ofe attendre d'un Roi qui voulant
» régner par les Loix , voudra toujours les
» faire refpecter , en confervant dans fon
» integrité l'honneur de ceux qui en font
» les vrais dépofitaires.

Nous fommes avec le refpect &
la foumiffion la plus profonde ,
&c. Le 3 Août 1764.

*Cette Lettre eft partie le même jour après
avoir été lûe & approuvée.*

Du Samedi 4 *Août.*

Ce jour , toutes les Chambres aſſemblées ,
ſur ce qui a été repréſenté par un de MM.
que les objets importans dont la Cour eſt
occupée , exigent la réunion de ſes Membres : Sur ce déliberé a été arrêté , que par
le Greffier de ladite Cour il feroit écrit à
tous MM. abſens , qu'elle leur enjoint de ſe
trouver à Rennes aux Chambres aſſemblées
indiquées au Vendredi 17 de ce mois ; &
que par le Greffier il fera envoyé à chacun
copie ſur papier commun du préſent arrêté.

Du 11 *Août* 1764.

Lecture a été faite des très-humbles Remontrances ordonnées le 16 Juillet , & elles
ont été approuvées.

Dudit jour.

La Cour , toutes les Chambres aſſemblées ,
a député , pour porter leſdites Remontrances & les préſenter au Roi , M. de Robien , Préſident , MM. du Pont , de Boux ,
de Saint-Mard , de Gouvelle , de Grimau-
det , & Piquet de Montreuil , Conſeillers
de Grand-Chambre , M. Kerſalaun , Con-
ſeiller des Enquêtes , & de Guiray , Con-
ſeiller des Requêtes.

Dudit jour.

Sur ce que les Députés ont ſupplié la
Cour de leur donner des ordres poſitifs &

de leur faire connoître ſes intentions , afin de s'y conformer ; a été arrêté que les Députés préſenteront au Roi les Remontrances ordonnées le 16 Juillet dernier ; qu'ils ſolliciteront la réponſe que ladite Cour oſe attendre de la juſtice & de la bonté dudit Seigneur Roi ; mais qu'ils ne pourront accepter aucune propoſition , ni engager aucune négociation avec les Miniſtres , ſous quelque prétexte que ce ſoit , ſans en avoir donné avis à la Cour qui leur donnera ſes ordres.

Du Lundi 13 Août 1764.

Ce jour , toutes les Chambres aſſemblées , a été fait lecture d'une Lettre écrite de Compiegne par M. de Saint-Florentin dont la teneur ſuit :

MESSIEURS,

» J'ai remis au Roi la Lettre que vous
» m'avez adreſſée le 3 de ce mois pour Sa
» Majeſté. Elle me charge de vous marquer
» qu'Elle trouve bon que pour lui préſenter
» vos Remontrances , vous lui faſſiez une
» députation de tel nombre de perſonnes
» que vous jugerez convenable ; & qu'Elle
» les recevra à Verſailles le Dimanche 16
» du préſent mois. Je ſuis toujours parfai-
» tement, Meſſieurs, votre , &c.

Signé , DE SAINT-FLORENTIN.

Dudit jour.

Le Procureur-Général du Roi , entré , a remis par-devers la Cour des Lettres de *Continuatur* , portant prorogation des séances jufqu'au 7 Septembre.

Surquoi déliberé , a été ordonné que lefdites Lettres feroient montrées au Procureur-Général du Roi.

Dudit jour,

A été donné lecture d'une Lettre écrite à Nantes le 10 Août 1764 , par le Duc d'Aiguillon , à fon entrée dans la Province , dont la teneur fuit :

MESSIEURS,

» J'ai l'honneur de vous informer , qu'en
» exécution des ordres du Roi , je viens
» de me rendre en Bretagne. Mon premier
» foin en y arrivant eft de vous renouveller
» les affurances du defir que j'aurai toute
» ma vie de concourir avec vous au fervice
» de Sa Majefté & au bien de cette Pro-
» vince , & des fentimens avec lefquels
» j'ai l'honneur d'être , Meffieurs , votre ,
» &c.

Signé , le Duc D'AIGUILLON.

A été arrêté que , conformément à l'ufage ordinaire , il feroit répondu : ce qui a été fait ainfi qu'il fuit ;

MONSIEUR,

» L'obéissance que nous devons au Roi,
» & notre zéle pour son service, exigent
» que nous y concourions avec ceux qui
» sont cha gés de ses ordres dans la Pro-
» vince. Nos principes sur ces devoirs sont
» inaltérables , & vous sont garands des
» sentimens avec lesquels nous avons l'hon-
» neur d'être , Monsieur, vos , &c.

Signé , PIQUET , Greffier en Chef.

DU 17 AOUST 1764.

L A COUR, toutes les Chambres af-
semblées, a été fait lecture des Lettres-
Patentes suivantes.

» LOUIS, par la grace de Dieu, Roi
» de France & de Navarre : à nos amés &
» féaux les Gens tenant notre Cour de Par-
» lement à Rennes, Salut Le tems de vos
» Vacations étant prochain, & le bien de
» notre service exigeant qu'elles soient dif-
» férées : A ces causes, & autres à ce
» Nous mouvant, Nous vous mandons &
» très-expressément enjoignons par ces
» Présentes signées de notre main, de con-
» tinuer vos Séances ordinaires, tant pour
» les audiences que pour le rapport des
» procès, jusqu'au 7 du mois de Septembre
» prochain, & ce nonobstant tous Régle-
» mens, usages, & autres choses à ce con-
» traires, auxquels Nous avons dérogé &
» dérogeons par cesdites Présentes : enjoi-
» gnons à tous Présidens, Conseillers &
» Officiers de notredite Cour de se rendre
» assidus à l'exercice de leurs fonctions,
» chacun en ce qui les concerne. Si vous
» mandons que ces Présentes vous ayez à
» faire regiltrer, & icelles exécuter selon
» leur forme & teneur : Car tel est notre
» plaisir. DONNÉ à Compiegne le neuvieme
» jour d'Août, l'an de grace mil sept cens
» soixante-quatre, & de notre Regne le
» quarante neuvieme. *Signé*, LOUIS. Et

» *plus bas* , Par le Roi , P H E L Y P E A U X.
» Et fcellées du grand Sceau de cire jaune
» à double queue.

Sur quoi , il a été ordonné que lefdites
Lettres-Patentes feroient enregiftrées pu-
rement & fimplement.

TRÈS-HUMBLES
ET TRÈS-RESPECTUEUSES
REMONTRANCES
DU PARLEMENT
SÉANT A RENNES,
AU ROI,

*Au sujet des atteintes portées aux droits,
franchises & immunités de la Bretagne,
des corvées dont cette Province est accablée, & des imputations qui ont attiré
à ce Parlement des ordres & des reproches
de la part du Roi.*

SIRE,

La Magistrature de votre Royaume a été
exposée dans tous les tems au ressentiment
de ceux qui ont entrepris de changer les
principes du Gouvernement ; votre Parlement fait en ce moment une cruelle épreuve
de cette vérité.

La Bretagne à des franchises & des immunités qui n'avoient jamais souffert d'at-

teintes, elles font confacrées dans les titres les plus autentiques, elles forment un droit particulier femblable au droit commun du Royaume, & fuivi jufqu'à ces derniers tems d'une poffeffion tranquille.

Les établiffemens de Saint Louis, les décifions des Etats généraux au commencement du treiziéme fiécle ; les Ordonnances de 1355, 1560 & 1576 ne permettent pas de douter, que dans le droit commun de la France, le confentement des trois Ordres dans l'affemblée des Etats Généraux ne foit néceffaire pour l'établiffement ou la prorogation des impofitions (1). Le Droit Particu-

------

(1) Le Prince ne peut rien exiger dans la Terre du Baron fans fon confentement, ni le Baron de fon Vavaffeur. *Etabliffement de Saint Louis.*

Le Roi ne pourra rien lever fur fes peuples, fans une extrême & évidente néceffité, & qu'en conféquence de l'octroi que les Etats lui en auront fait. *Conftitutions des Etats du treiziéme fiécle.*

Les Aydes cefferont du tout, ce, à ladite journée premier jour de Mars prochain venant, n'étoit fur ce pourvû d'un accord & confentement, fans que la voix de deux Etats puiffe conclure la tierce. *Ordonnance de 1355. Recueil des Ordonnances imprimées au Louvre, tom. 3, page 21, 22 & 23.*

Sans que le confentement des deux Ordres puiffe lier le Tiers ; & fi tous les trois Ordres n'étoient d'accord enfemble, la chofe demeureroit fans détermination. *Ibidem.*

Dans toutes affemblées d'Etats Généraux ou Particuliers des Provinces où fe fera octroi de

lier

lier de la Province , conforme au Droit commun , est attesté par Lobineau dans son Histoire , tom. 1 , aux pages 195 , 673 , 685 , 707 , par les Déclarations de 1459 , 1463 , 1468 , par les Edits de 1532 & 1579 , & par les Lettres-Patentes de Louis XIII. en 1611 (2). Enfin la preuve de la possession ,

---

deniers ; les trois Etats s'accorderont de la cotte part que chacun portera ; & ne le pourroit le Clergé & la Noblesse seuls comme faisant la plus grande partie. *Ordonnance d'Orleans , art. 135.*

La question fut agitée aux Etats de Blois , & l'unanimité de consentement fut jugée nécessaire. Le Président du Tiers qui avoit soutenu cette ancienne Loi , en reçut des éloges de Henri III. *Bodin , République , chap. 7 , liv. 3 , pag. 356.*

(2) Le Duc Jean IV qui fut le premier qui qui demanda à ses peuples un octroi , déclara que l'octroi qu'il avoit obtenu avoit été donné du consentement des Barons & Prélats , & autres gens des Etats , & étoit de pure libéralité , & ne seroit tiré à conséquence. Les autres Ducs donnerent de pareilles déclarations , lorsqu'ils établirent , du consentement des Etats , quelques impositions , ou en obtinrent quelques secours. Lorsque le Tiers fut admis dans les assemblées de la Nation , son consentement fut également nécessaire. Le Duc François II. donna en 1459 , 1463 & 1468 trois Déclarations par lesquelles il dit , que l'impôt qu'il avoit créé ne subsisteroit qu'autant *que les trois Etats* continueroient d'y consentir. *Lobineau , Histoire de Bretagne , tom. 1.*

François I. depuis l'union de la Province à la

conforme & au Droit commun & au Droit particulier, réfulte des Procès-verbaux des affemblées des Etats, notamment des années 1573, 1574, 1602, 1603, 1604, 1605, 1638, 1718, 1730, 1752. (3)

Votre Parlement, Sire, dépofitaire des Loix du Royaume & Gardien des franchifes & libertés de la Province, n'a pu les voir attaquées fans réclamer la juftice de Votre Majefté contre cet abus de fon autorité.

Attaché par ferment à ce précieux devoir, il ne peut garder un coupable filence quand les Loix font violées. C'eft leur confervation qui, dans un Etat monarchique, fait la fûreté du Monarque & des Sujets. Ce Gou-

---

France, déclara en 1532, & Henri III en 1579, révoquer tout ce qui avoit été fait fans le confentement *des trois Etats ;* qu'aucunes levées de deniers ne pourroient être ordonnées que de leur confentement, & qu'on convoqueroit plutôt des affemblées intermédiaires, que de faire de nouvelles levées fans leur confentement. *Recueil des Edits de la fuite de la très-ancienne Coutume par Sauvageau.*

Louis XIII, en 1611, confirme par fes Lettres-Patentes aux gens des trois Etats de Bretagne, leurs notables & importans privileges, droits, immunités & franchifes ; & ils font confervés de regne en regne par les Contrats paffés tous les deux ans entre les Etats & les Commiffaires du Roi.

(3) Le dépouillement des Regiftres de la Province, & furtout aux années citées, prouvent que l'ufage de tous tems eft conforme au Droit Commun du Royaume & au Droit Particulier de la Province.

vernement , plus parfait que les autres , affure au Prince (qui , comme Votre Majefté , veut régner par les Loix) l'obéiſſance & l'amour de ſes Sujets. Bien différent de ces Defpotes , qui ne reconnoiſſent d'autres regles que leur volonté , le Monarque n'a point à craindre les révolutions qu'excite la tyrannie : toujours d'accord avec la Loi , que les peuples ont volontairement reçue , ſa volonté ne peut manquer de devenir la leur.

Votre Parlement vous a auſſi très-humblement ſupplié , Sire , de jetter un regard favorable ſur les ſurcharges de toutes eſpeces qui accablent la Province : voilà ſon crime *& le prétexte* des ordres flétriſſans ſurpris à Votre Majefté.

Le zèle de vos Cours leur a ſouvent attiré des diſgraces , mais il n'en fut jamais d'auſſi accablante que celle qu'éprouve aujourd'hui votre Parlement. On attaque la fidélité qu'il vous a jurée , & dont il ne s'eſt jamais écarté ; on oſe l'accuſer devant Votre Majefté d'avoir jetté des nuages ſur une adminiſtration dont elle eſt auſſi ſatisfaite que la Province , ou même d'avoir voulu élever des difficultés qui pourroient exciter des diviſions entre vos Sujets , s'ils vous étoient moins attachés.

Quelle témérité , Sire , dans une pareille inculpation de la part de ceux qui vous l'ont ſurpriſe ! Des Magiſtrats dont la fidélité eſt ſoupçonnée au point d'avoir tenté de faire naitre des diviſions parmi vos peuples , & dont les peuples ne ſe ſont garantis que par leur attachement à votre perſonne ; ces Magiſtrats (s'il s'en trouvoit de ſemblables)

font des prévaricateurs dignes de l'animad-
verfion des Loix. Les peuples doivent fer-
mer l'oreille à leurs voix ; de tels Magiftrats
doivent abdiquer des fonctions que la confiance du Souverain & la conduite la plus
exacte peuvent feules faire refpecter , &
rendre utiles à la Nation.

Votre Parlement , Sire , en recevant les
ordres affligeans furpris à Votre Majefté , auroit abandonné le fanctuaire de la Juftice ,
s'il avoit été moins perfuadé que la vérité
pouvant parvenir jufqu'au trône, vous annoncerez à vos peuples que l'innocence peut être
accufée , mais que votre juftice la protege ,
& prend foin de fa vengeance.

S'il avoit été permis aux Députés de
votre Parlement de fe faire entendre en pré-
fence de fes accufateurs , quel triomphe pour
lui , & quelle confufion pour ceux qui ont
ofé le calomnier ! Mais pour le frapper avec
plus de fûreté & plus d'éclat, on a étouffé
la voix de fes Députés , on les a fait mander
à cent lieues de leur réfidence , pour leur
faire entendre à la face de la Nation entiere ,
(non vos ordres, Sire , votre Parlement ne
le penfera jamais , il n'eft ni dans la bonté
de votre cœur , ni dans votre juftice , d'en
donner d'auffi accablans ;) mais ceux que
vous ont furpris la haine & l'intérêt de
vos ennemis , puifqu'ils le font de votre
Parlement.

Le filence deviendroit dans cette circonf-
tance un acquiefcèment criminel , qui ten-
droit à la fubverfion de l'ordre public dans
la Province.

C'eft le lien facré qui unit le Prince & les
Sujets , qu'on veut rompre ; c'eft la Magif-

trature qu'on veut accabler sous le poids de l'autorité arbitraire ; & quelque humiliant qu'il soit d'en remplir les fonctions après le coup mortel qu'on vient de lui porter, votre Parlement, comptant sur la justice de Votre Majesté, attendra avec la confiance respectueuse dont il est pénétré, qu'Elle lui ait rendu l'honneur qu'on a voulu lui enlever.

Nous vous devons, Sire, la vérité, nous vous la présenterons à découvert ; nous sçavons que vous la chérissez, & qu'elle a toujours triomphé quand elle est parvenue jusqu'à vous. C'est dans cette confiance que nous allons mettre sous les yeux de Votre Majesté les motifs des arrêtés du 5 Juin dernier, leur nécessité & leur exactitude, leur conformité aux regles ordinaires, & leur connexité avec l'enregistrement de votre Déclaration du 21 Novembre 1763.

Il étoit du devoir de votre Parlement, Sire, de représenter à un Roi, pere de ses Sujets, les malheurs d'un peuple écrasé sous le poids de corvées excessives & multipliées. Tandis que les conventions arrêtées entre les Etats de la Province & vos Commissaires concernant les chemins, ont été exécutées, votre Parlement a gardé le silence. Ces conventions contiennent plusieurs dispositions, notamment celles qui fixent à chaque Corvoyeur la distance de son Attelier, & la quantité de toises de chemin qui lui incombe (4). Il ne doit aller qu'à deux lieues de son clocher ; il ne doit faire qu'une

____

(4) Article 1 & 11 des ordres signés du Commendant & du Commissaire départi, en date du 30 Octobre 1757.

B iij

toife courante à raifon.de vingt fols de capitation. Cette tâche une fois faite, il n'eft
tenu qu'à l'entretenir, & il doit être à
jamais déchargé de toutes autres corvées
pour les grands chemins (5). Ces difpofi-
tions, quelque onéreufes qu'elles foient,
mettoient le Corvoyeur dans le cas de travailler avec activité, dans l'efpérance de
finir fes travaux ; mais il eft bien éloigné
de voir effectuer les promeffes qui lui ont
été faites. Tout eft devenu arbitraire ; il
eft tranfporté d'une route fur une autre ; il
doute encore fi lorfqu'il aura fini fa tâche,
on ne lui en deftine pas une nouvelle ; on
n'a plus d'égard à la diftance de l'attelier
auquel on l'attache, & par des diftinctions
d'applaniffement, d'empierrement, de
conftruction, d'entretien, on le charge de
faire en pierre des Ponceaux que des Ma-
çons feuls pourroient conftruire. Ainfi on
ne fe contente pas de fon tems & de fon
travail, on l'oblige encore à fournir à prix
d'argent le travail d'autrui. De-là le décou-
ragement qui fuit toujours l'arbitraire ; de-là
les peines & les garnifons fréquentes (6),
dont votre Parlement, Sire, vous a porté
fes plaintes avec autant de juftice que de
néceffité. Tous ces malheurs proviennent de
la multiplicité des routes ouvertes, pour

---

(5) Article 13 des mêmes ordres.

(6) Les Ingénieurs ont des ordres en blanc
fignés du Commiffaire départi : ils les rem-
pliffent à leur volonté du nom de la Paroiffe qui
leur a déplû, pour y établir Garnifon, qu'ils
levent quand ils le jugent à propos ; chaque
Cavalier eft payé à 5 livres par jour.

ainſi dire , enſemble , & de la précipitation
avec laquelle on a voulu les perfectionner ,
même pendant la guerre , & dans un temps
où vos peuples ſont ſurchargés d'impôts.

Mais ſi la perfection des routes ouvertes
ou projettées eſt devenue, dans ce moment,
impoſſible ; leur entretien dans la ſuite, ſi
jamais on pouvoit parvenir à les achever ,
ſeroit encore infiniment au-deſſus des forces
de ceux qui y ſont aſſujettis.

Un malheureux Corvoyeur qui paye quarante ſols de capitation , & qui n'a pour
vivre que ce qu'il peut gagner dans ſa journée , ſera tenu d'entretenir environ ſix toiſes
courantes de chemin. Cet entretien ne peut
être évalué à moins de 9 liv. chaque année ,
c'eſt-à-dire , le quadruple de ſa capitation ;
comment la claſſe la plus pauvre des Ci-
toyens , & la plus néceſſaire de la Nation ,
pourroit-elle ſoutenir une ſurtaxe auſſi accablante d'un impôt déja exceſſif (7).

C'eſt ainſi , Sire , que la corvée, onéreuſe
en elle-même , eſt devenue tyrannique pour

---

(7) Il y a environ deux millions cinq cens
mille toiſes de routes, tant ouvertes que projettées. Dans la répartition générale de la Capitation, celle des ſujets à la corvée, quelqu'exceſſive qu'elle ſoit en Bretagne , ne peut
être évaluée au plus qu'à huit cens mille livres.
Il eſt donc démontré que chaque Corvoyeur
aura à perpétuité plus de trois toiſes courantes
de chemin à entretenir, à raiſon de vingt ſols
de Capitation ; ce qui eſt abſolument contraire
à l'art. 13 des ordres ci-devant cités , & ce qui
fait une ſurcharge annuelle de 3750000 livres
ſupportable par les ſujets à la corvée.

le Cultivateur , & destructive de la culture (8). C'est ainsi que toute convention
qui ne reçoit pas dans vos Cours l'authen-
ticité dont elle a besoin pour assurer son
exécution , est abandonnée aux excès d'un
régime arbitraire & despotique.

Il étoit encore, Sire , du devoir de votre
Parlement de vous représenter que ce n'é-
toit pas dans le tems où l'Etat avoit besoin
d'aussi puissans secours , qu'on devoit faire
des dépenses superflues pour l'embellissement des Villes de la Province. Jamais elles
n'eurent plus de besoin d'économie pour
réparer les pertes que la guerre leur a oc-
casionnées , pour suppléer aux diminutions
considérables qu'elles ont été obligées de
souffrir sur leurs octrois, & pour fournir à
des dépenses de toutes especes , auxquelles
jusqu'à présent elles n'avoient pas été assu-
jetties. Elles sont obligées de recourir à des
emprunts (9) pour satisfaire à leurs charges

---

(8) Les ordres pour les chemins , en date
du 5 Novembre 1754 , portent , art. 27, que
la corvée commencera le premier Mars , pour
continuer jusqu'au 15 de Juillet, & recommen-
cera le premier Octobre jusqu'au 15 de Décembre. Depuis le premier Mars jusqu'au 15
Juillet , on ensemence dans les différentes parties de la Province des avoines noires ou me-
nues , des lins , des chanvres, des mil: & des
bleds sarrazins ; & depuis le premier Octobre
jusqu'au 15 Décembre on fait la récolte d'une
partie des bleds sarrazins , & on seme les grosses
avoines & les bleds.

(9) Arrêts du Conseil des 2 Novembre &
13 Décembre 1763 , revêtus de Lettres-Pa-

ordinaires , & aux arrérages des nouvelles
dettes qu'on leur a fait contracter. C'est cependant, Sire, ce tems malheureux qu'on
a saifi pour achever de les écrafer par des
travaux qu'elles n'euffent pu entreprendre
que difficilement , fi elles avoient été dans
la plus grande opulence. (1) Après les emprunts qu'elles ont été forcées de faire , il ne
leur refte plus de reffource que celle de recourir à de nouveaux impôts , toujours deftructifs du commerce , & ruineux pour les
Habitans.

On promet, il eft vrai , des dédommagemens , des cautionnemens , des indemnités
aux propriétaires dont on fait abattre les mai-
fons ; mais fur quel fonds font faits les affi-
gnats ? Comment s'en fera la difcuffion ?
Quand ces dédommagemens feront-ils ac-
quittés ? Ce ne peut être que fur des emprunts publics , ou de nouveaux impôts , c'eft - à - dire , qu'il faudra des impofitions particulieres & des furcharges fur
les Habitans , & que celui à qui on a enlevé

____

tentes qui autorifent la Ville de Nantes à un
emprunt de trois cens mille livres , & celle de
Rennes à un emprunt de 150000 livres pour
completter celui de 300000 livres , autorifé par
Arrêt du Confeil du premier Octobre 1754;

(1) Actuellement à la veille de la récolte, on
ouvre à Nantes une nouvelle Banlieue , on
trace les alignemens au travers des moiffons ,
des vignes , des vergers , des jardins. Les propriétaires n'ont pu fe difpenfer de former leur
oppofition , & de préfenter Requête au Parlement , fur laquelle eft intervenu Arrêt le 24
Juillet.

fa maifon , payera perfonnellement par contribution partie du dédommagement qu'on lui avoit promis.

Votre Majefté , Sire , donne elle-même l'exemple de l'économie par le retranchement qu'Elle a annoncé vouloir faire dans toutes fes dépenfes. Cet exemple , fi digne de fa bonté paternelle , n'eût il pas dû fervir de modèle & de guide à ceux qui n'auroient confulté que les befoins réels de fes peuples ?

Mais , Sire , on vous affure que perfonne ne fe plaint : ne feroit-il pas plus vrai de dire , que perfonne n'ofe fe plaindre ? Tous lesParticuliers font dans la dépendance, leur voix eft étouffée par la crainte. Il n'y a qu'un Corps libre toujours fubfiftant , tel que votre Parlement , qui puiffe fe faire entendre & porter aux pieds du Trône le cri que la Nation y porteroit elle-même , fi votre Parlement faifoit une information juridique des faits dont il fe plaint à Votre Majefté.

Nous ne pouvons, Sire, vous le diffimuler, on travaille depuis longtems à affervir une Province libre fous votre heureux Gouvernement ; on ébranle fes Conftitutions , on les renverfe , on porte de toutes parts des atteintes aux franchifes & libertés que vous vous engagés vous même à conferver. Les Maires , les Députés des Villes aux Etats , élus dans tous les tems par le fuffrage libre des Communes, ne peuvent plus l'être fans l'agrément de vos Commiffaires (2). Il faut également qu'ils approuvent le choix qu'a-

---

(2) Arrêt du Confeil du 11 Juin 1763.

voit toujours librement fait la Province, de
ceux qu'elle honore de sa confiance pour la
répartition & le recouvrement des impositions abonnées (3). On a enfin, par l'ordre
surpris à votre Conseil le 12 Octobre 1762,
annéanti les Etats, en détruisant leurs
Constitutions essentielles & primitives. Une
décision qui, sans être revêtue d'aucune
forme légale, ne compte plus pour rien les
titres & les usages, les Ordonnances & les
Constitutions, le Droit Commun & le Droit
National ; une décision qui, sans aucune
clause abrogatoire, contredit & abroge les
Loix les plus anciennes & les plus sages,
porte sans doute avec elle l'empreinte de la
surprise. (4)

Telle est, Sire, en général, l'administration dont on a eu la témérité de vous assurer
que la Province étoit satisfaite.

Ceux qui ont exageré à Votre Majesté
les avantages de l'administration actuelle,
oseroient-ils se flatter de voir leur Assertion
hardie confirmée par le suffrage libre des
Etats, dont les plus importans privilèges
sont anéantis ? par celui des Villes dont les
revenus sont dissipés, & les fonds engagés ?
par celui des Habitans des Campagnes qui
gémissent sous le poids & l'abus des corvées ? Des lettres ou des attestations man-
diées, des louanges ou des sollicitations

----

(3) Arrêt du Conseil du 7 Février 1763.
(4) En 1736 lorsqu'il n'étoit question que
de la Police intérieure des Etats, le Roi ne crut
devoir y faire de changement que par une
Déclaration envoyée à son Parlement & enregistrée le 28 Août de la même année.

diƈtées par la flatterie , par la crainte , ou par l'intérêt , ne prouveront jamais que la Province foit satisfaite , lorſqu'il n'eſt malheureuſement que trop vrai qu'elle ſouffre dans routes ſes parties , & qu'elle a beſoin des plus prompts ſecours.

Il ne reſtoit plus , Sire , qu'à attaquer le plus redoutable adverſaire du deſpotiſme. Votre Parlement jouiſſoit de l'avantage d'avoir terminé une négociation avec le Contrôleur Général de vos Finances , au ſujet de votre Déclaration du 21 Novembre dernier ; il venoit d'y mettre le ſceau par ſon enregiſtrement , & en offrant à Votre Majeſté les derniers efforts d'un Peuple épuiſé , il penſa que nul autre moment ne pouvoit être plus favorable pour la ſupplier de jetter un regard paternel ſur le fardeau des corvées exceſſives , ſur les dépenſes extraordinaires & ſuperflues des Villes (1) , ſur l'anéantiſſement des Conſtitutions primitives de la Province , & enfin ſur les autres impôts non enregiſtrés ni compris aux contrats des Etats , paſſés avec vos Commiſſaires lors

---

(1) Les différens paſſages du Commandant , ſon logement , & celui de tous les gens de ſa ſuite , tant au-dedans qu'au-dehors de ſon hôtel , les fournitures de toutes eſpèces : tous ces objets montent à des ſommes conſidérables , & beaucoup plus fortes qu'ils ne montoient autrefois. C'eſt ce qui peut aiſément ſe vérifier à la Chambre des Comptes , & c'eſt ce que le Parlement ne manquera pas de prouver lorſqu'il enverra les Mémoires demandés par l'Article premier de la Déclaration du 21 Novembre.

de leur derniere Affemblée , & dont cependant on fait la perception (1).

Ce font ces Repréfentations qu'on a voulu
rendre criminelles à vos yeux , en vous fug-
gérant que votre Parlement s'étoit occupé
d'objets étrangers à l'enregiftrement de votre Déclaration ; objets qui pouvoient exciter des divifions , qu'il eft de fon devoir
de prévenir & de réprimer.

Cette accufation , Sire , ne peut venir
que de ceux qui ont à craindre que votre
Parlement ne découvre à vos yeux les différentes furcharges qui mettroient votre
Province de Bretagne hors d'état de fup-
porter les impofitions contenues dans votre
Déclaration ; & c'eft pour en affurer l'exécution , aux termes de fon enregiftrement ,
que votre Parlement a fupplié Votre Majefté de faire ceffer les abus qui s'y oppo-
fent , comme deftructifs de toutes produc-
tions , & par conféquent de toutes impofitions ; pour affurer la perception des impôts
légitimes , il faut fupprimer ceux qui ne le
font pas.

Etoit-il étranger , Sire , nous ofons le demander à Votre Majefté , en enregiftrant
une Déclaration dans laquelle vous annon-
cez de la façon la plus authentique & la plus
confolante pour vos Peuples , que vous ne
voulez regner que par les Loix & par les
formes fagement établies dans votre Royau-

____

(1·) On a levé cette année , fans enregiftrement , l'impofition pour les Milices , Gardes-Côtes , quoiqu'il n'en foit pas fait mention
dans le Contrat de la dernière Affemblée des
Etats.

me, de confacrer cet oracle forti de votre
bouche, en l'annonçant au Peuple comme
le gage certain de fon bonheur & comme
l'heureux préfage du retour de fes franchifes
& de fes libertés ? Etoit-il étranger de réclamer les Conftitutions primitives de la
Province, dont votre Parlement eft le gardien & le dépofitaire (1) ? Et n'eût-il pas

(1) Un différend s'étant élevé entre Charles
Tureau, Maître des Requêtes, & le Préfident
de la Chambre des Comptes de Bretagne, pour
la préféance ; par Arrêt du Parlement du 9 Décembre 1569 il leur fut ordonné de comparoî-
tre, & défenfe provifoire de fe trouver à l'Affemblée des Etats.

En 1597 le Parlement ordonna que l'une des
clefs du coffre qui gardoit le Don du Roi, feroit mifé aux mains d'un Préfident du Parlement, & les actes concernant l'emprunt dé-
pofés au Greffe.

Par Arrêt du 21 Février 1598 il fut enjoint
au Procureur Syndic des Etats de pourvoir au
recouvrement de la fomme promife au Roi.

Les Gens des Trois Etats s'étant oppofés à la
levée des traites domaniales, il fut ordonné par
Arrêt du 3 Octobre 1634, qu'il feroit informé
de leurs droits.

En 1649, les Etats ayant été convoqués contre la forme & les ufages, le Parlement rendit
Arrêts les 12 & 24 Mars, qui firent défenfes
de s'affembler dans la ville de Nantes, & furfi-
rent la tenue des Etats.

En 1717, les Etats de Bretagne ayant été
féparés par autorité, le Parlement arrêta, le 31
Janvier 1718, de faire des Remontrances au
Roi, pour lui demander le rétabliffement de

été coupable envers Votre Majesté, s'il ne lui en avoit pas demandé le rétablissement avec les instances les plus vives & les plus respectueuses?

Reprocheroit-on, Sire, à votre Parlement la forme de ses Arrêtés, parce qu'insérés à la suite de l'enregistrement, ils ont été envoyés dans les Bailliages de la Province? Seroit-il nécessaire de se justifier d'un pareil reproche, & n'y voit-on pas l'envie la plus décidée de trouver des crimes dans les formes usitées, & qui ont passé sous les yeux de Votre Majesté sans en être désapprouvées? Quel inconvénient, Sire, y a-t-il, en effet, que vos Peuples sçachent que votre Parlement, médiateur entre le Souverain & les Sujets, sollicite en leur faveur des soulagemens aux maux qui les accablent, & le rétablissement de franchises & libertés qui leur sont si cheres? L'espoir des soulagemens les encourage, & celui de rentrer dans leurs anciens droits les rend capables des plus grands efforts d'amour, de zèle & de reconnoissance pour leur Roi Bien-aimé. Tel est, Sire, le génie des Bretons; plus vous épargnerez leur liberté, plus vous donnerez d'étendue à votre puissance sur eux.

Quelle différence entre les motifs qui ont animé votre Parlement, & les vûes qu'on

---

l'Assemblée desdits Etats; & envoya une Députation solemnelle pour présenter à Sa Majesté ses très-humbles Remontrances : les Etats furent rassemblés dans la même année.

lui a fuppofées pour l'accufer du crime le plus grave ! Seroit-il donc permis à quelqu'un de vos Sujets, Sire, de troubler la correfpondance établie entre Votre Majefté & fon Parlement, & de jetter des foupçons fur les intentions les plus pures, par des délations dictées par l'ambition & par l intérêt ?

Loin de vous, Sire, loin du Trône, ces hommes qui employent de pareils moyens pour altérer la confiance que vous avez témoignée à votre Parlement, qui tendent à intercepter cette communication fi naturelle du Souverain avec les Miniftres effentiels des Loix du Royaume ; qui veulent vous faire envifager la liberté légitime de vos Sujets comme incompatible avec votre Puiffance fouveraine ; qui s'intriguent pour vous infpirer de la méfiance contre le zèle le plus pur, contre la fidélité la plus inaltérable. C'eft à ceux-là, Sire, que Votre Majefté reprochera de faire naitre des difficultés qui pourroient exciter des divifions entre vos Sujets s'ils vous étoient moins attachés. Quel contrafte frappant de leur conduite avec celle que votre Parlement a tenue dans tous les tems !

Nous en appellons, Sire, à votre Juftice, & nous vous la demandons avec inftance. Puniffez votre Parlement s'il eft coupable, mais fi on l'a calomnié, les Loix vous demandent vengeance ; elles attendent une réparation proportionnée & complette, fans laquelle votre Parlement fe trouveroit indigne de rendre la Juftice en votre nom. Prononcez, Sire, fa juftification, & vous annoncerez à la France combien la vérité a d'empire fur le cœur du meilleur des Rois, lorfqu'elle peut parvenir jufqu'à lui.

Ce font-là,

SIRE,

Les très-humbles & très-Refpectueufes Remontrances qu'ont cru devoir préfenter à VOTRE MAJESTÉ,

Vos très-humbles, très-obéif-fans, très-fidèles & très-af-fectionnés Serviteurs & Su-jets, les Gens tenans votre Cour de Parlement.

Fait en Parlement à Rennes, le 11 Août 1764.

Du Lundi 3 Septembre 1764.

La Cour, Chambres affemblées, délibé-rant fur le récit fait par M. de Robien, Pré-fident de la Députation ordonnée par ladite Cour, pour préfenter au Seigneur Roi fes très-humbles Remontrances, ayant remar-qué dans ledit récit que M. de Maupeou avoit donné rendez-vous à huit heures du foir à MM. Picquet (de Montreuil) & Euzenon (de Kerfelaün) Confeillers, ce qui avoit empéché les Députés de partir; que les Députés ayant demandé auxdits MM. Picquet & Euzenon à leur retour, s'ils pouvoient fçavoir quel avoit été l'objet de ladite conférence, lefdits MM. Picquet & Euzenon leur avoient répondu ne pouvoir leur en rendre compte, M. de Maupeou le leur ayant défendu de la part du Roi ; ce que lefdits MM. Picquet & Euzenon, préfens aux Chambres affemblées, ont confirmé, & ont même affuré la Cour qu'il leur étoit expreffément défendu par mondit fieur de Maupeou, auffi de la part du Roi, d'en rendre compte à la Cour, & qu'ils la fupplioient de les en difpenfer. Sur quoi délibéré, la Cour a enjoint expreffément auxdits MM. Picquet & Euzenon de rendre compte fur le champ de ladite conférence, auquel ordre ils ont obéi.

Dudit jour.

Sur le récit fait par les Députés devers le Roi, enfemble fur la Réponfe dudit Seigneur Roi, la Cour a arrêté que les Préfidens de ladite Cour, les Préfidens des Enquêtes, Doyens & Sous-Doyens de chaque Chambre, s'affembleront à trois heures de relevée pour examiner ladite Réponfe du Roi, & en rendre compte demain huit heures du matin.

Réponfe du Roi aux Remontrances du Parlement de Bretagne, remife à fes Députés le Vendredi 30 Août 1764.

J'AI défapprouvé que mon Parlement de Bretagne ait fait entrer dans fon Arrêt d'enregiftrement de ma Déclaration du 21 Novembre dernier, des objets étrangers à cette

Loi, & j'ai voulu lui en faire fentir les conféquences : mais mon Parlement n'a pas dû penfer que j'aye douté de fa fidélité & de fon zèle, fur lefquels je lui ai toujours rendu affez de juftice pour qu'il n'ait pas befoin de fe juftifier auprès de moi. Ainfi je vous répete que mon intention eft que cette affaire n'ait plus aucune fuite. Je ferai toujours attentif à maintenir les privilèges légitimes des Etats, & à pourvoir dans le tems & de la maniere que je le jugerai convenable, aux objets qui intéreffent le véritable bien d'une Province, qui, à fon ancienne & premiere dépendance de ma Courónne, que mon Parlement ne doit jamais lui laiffer oublier, joint les avantages qui lui ont été affurés lors de fa réunion, & qui ne me font pas moins chers qu'à elle-même.

Je connois l'utilité des ufages qui y ont lieu par rapport aux corvées ; & fi par la fuite il s'y gliffoit quelques abus, j'employerois mon autorité pour y remédier. Mon Parlement ne doit pas perdre de vûe que le bien de mon fervice exige la plus parfaite intelligence entre tous ceux qui exercent mon autorité dans la Province, & que ce qui y feroit contraire ne pourroit que me déplaire.

Du 4 Septembre.

La Cour, toutes les Chambres affemblées, a arrêté que celui qui préfidera la Compagnie, en envoyant aux Miniftres les Arrêtés de ladite Cour, ne pourra leur mander aucun détail des délibérations concernant lefdits Arrêtés.

Dudit jour.

Arrêté qu'il fera fait au Roi de très-humbles & très-respectueuses itératives Remontrances ;& pour en rédiger les Objets, la Cour a commis M. de Robien, Préfident, & MM. Chafette, Picquet & Euzenon, & a renvoyé l'Affemblée des Chambres à Vendredi prochain fept du préfent mois, huit heures du matin. .

Du 7 Septembre.

Ce jour, Chambres affemblées, ont été lûs au Bureau, des Objets de très-humbles & très-refpectueufes itératives Remontrances, lefquels ont été approuvés ; & ordonné que pour rédiger lefdites Remontrances, les Préfidens de la Cour, les Préfidens des Enquêtes, les Doyens & Sous-Doyens de chaque Chambre s'affembleront & rendront compte à la Cour Lundi trois Décembre prochain, auquel jour lefdites Chambres font renvoyées.

Objets des Remontrances arrêtées en Parlement le 4 Septembre 1764.

Ce jour, la Cour, les Chambres affemblées, en délibérant fur la Réponfe du Roi, remife par écrit à fes Députés le 31 Août dernier, a arrêté qu'il fera très humblement repréfenté au Roi :

Que fon Parlement pénétré de la plus vive reconnoiffance de la Juftice que ledit Seigneur Roi veut bien rendre à fa fidélité

& à son zèle, s'en occuperoit tout entier, s'il n'étoit de son devoir de dissiper jusqu'à l'ombre de la surprise, & de découvrir les moyens dont se servent les ennemis du bien public pour la perpétuer.

Qu'il n'est pas possible de concevoir comment on a pu faire envisager audit Seigneur Roi comme un objet étranger à l'enregistrement de sa Déclaration du 21 Novembre dernier, le tableau des malheurs de la Province, tant par rapport à l'anéantissement de ses Constitutions, que par rapport aux surcharges dont ses Peuples sont accablés.

Qu'à supposer qu'il fût possible de douter de la connexité de ces objets avec l'enregistrement de la Déclaration du 21 Novembre, il est en tout tems & en toute occasion du devoir indispensable du Parlement de mettre sous les yeux d'un Roi, Pere de ses Sujets, les abus qui s'introduisent & se multiplient, & de provoquer sa tendresse & sa Justice pour des Peuples qui le chérissent autant qu'ils lui sont soumis.

Que les conséquences qu'on a voulu faire appercevoir audit Seigneur Roi dans une forme usitée dans les autres Classes, sans qu'il l'ait désapprouvée, ont servi de prétexte aux ennemis de son Parlement pour laisser encore à Sa Majesté des impressions défavorables ; que si ces Représentations n'avoient pas eu pour objet l'administration actuelle de la Province, elles eussent été regardées comme une preuve de la fidélité que le Parlement doit audit Seigneur Roi : Que ceux qui sont à la tête de cette administration, souffrant impatiemment qu'on en démontrât les vices ; & qu'en détrompant

Sa Majefté on lui fit entendre les plaintes d'une Province dont on lui vantoit la fatisfaction, fe font fervis de leur crédit pour rendre criminelles les démarches les plus indifpenfables du Parlement.

Que ledit Seigneur Roi voulant bien maintenir les privilèges légitimes des Etats, fera très-humblement fupplié de conferver les Conftitutions primitives, les franchifes & libertés de la Province ; avantages qui lui ont été confirmés lors de fon union à la Couronne, & que ledit Seigneur Roi veut bien affurer fon Parlement lui être auffi chers qu'à la Province.

Que ces Conftitutions primitives, ces franchifes & libertés qui refferrent les nœuds qui uniffent la Bretagne à la France, & dont les promeffes dudit Seigneur Roi annoncent le plus prompt retour, ne peuvent fubfifter avec l'ordre du 12 Octobre 1762, avec les Arrèts du Confeil des 7 Février & 11 Juillet 1763.

Que de l'incompatibilité de ces décifions avec les Conftitutions de la Province, dont le Parlement eft légalement le gardien & le dépofitaire, réfulte la preuve la plus complecte de la furprife faite audit Seigneur Roi; pour établir un defpotifme local par l'abus de fon autorité ; que pour avoir pu furprendre au Confeil dudit Seigneur Roi ló'rdre du 12 Octobre 1762 & les deux Arrèts des 7 Février & 11 Juillet 1763, qui détruifent la liberté des Etats, il faut les avoir repréfentés comme incapables de toute obéiffance, s'ils ne font réduits à l'efclavage le plus humiliant.

Que la Province n'a jamais ufé de fes

franchifes & libertés que pour donner dans
tous les tems les plus grandes preuves de
fon zèle & de fa fidélité ; que ce feroit lui
ôter le mérite de renouveller ces mêmes
fentimens , que de la priver d'une liberté
auffi précieufe pour elle qu'avantageufe audit Seigneur Roi ; que ce ne font point des
titres d'indépendance que le Parlement ré-
clame, mais la liberté, pour la Province,
de contribuer volontairement aux befoins
de l'Etat ; que c'eft abufer de l'autorité
dudit Seigneur Roi , que d'arracher , par la
crainte, des Octrois qui ne font légitimes
que quand ils font accordés par un confentement libre & unanime : que c'eft encore
bien mal remplir les volontés de Sa Majefté
& fe montrer indigne d'exécuter fes ordres, que de ne vouloir faire obéir au plus
aimé des Rois, qu'en le faifant craindre ;
que de vouloir fubjuguer des hommes li-
bres, au lieu de les perfuader.

Que laiffer la corvée foumife à des ufages , feroit introduire l'arbitraire & le defpotifme dans l'adminiftration la plus impor-
tante ; qu'il y a des conventions foufcrites
par le Commandant, qu'il eft tenu d'obfer-
ver , & auxquelles il ne peut contrevenir
fans injuftice ; que cependant ces conventions ne font point exécutées dans les points
les plus effentiels ; qu'il n'eft donc pas poffi-
ble que ledit Seigneur Roi approuve, fans
la furprife la plus manifefte à fa Juftice, des
ufages qui font néceffairement des abus in-
tolérables lorfqu'ils font oppofés aux promeffes folemnelles faites aux Corvoyeurs.

Qu'il paroît par le filence dudit Seigneur
Roi fur les dépenfes fuperflues des Villes,

qu'il approuve les Remontrances de son Parlement à cet égard , quoique par des ménagemens , peut-être poussés trop loin , il n'ait mis sous les yeux de Sa Majesté qu'une partie des abus introduits dans cette administration.

Que le Parlement toujours animé du zèle le plus pur & de la fidélité la plus inaltérable , rempli d'amour pour la Personne sacrée dudit Seigneur Roi , & du desir de lui plaire , n'a jamais perdu de vûe la nécessité de conserver avec ceux que Sa Majesté honore de ses ordres , l'intelligence nécessaire pour le bien de son Service , & qu'il ne cessera de s'en occuper.

FIN.